EL UNIVERSO A
TRAVÉS DE LA RIMA

EL UNIVERSO A TRAVÉS DE LA RIMA

Rosa Amalia Blanco Soto

Número de Control de la Biblioteca del Congreso de EE. UU.:   2021919494
ISBN: Tapa Blanda   978-1-5065-3877-8
                Libro Electrónico   978-1-5065-3878-5

Información de la imprenta disponible en la última página.

Fecha de revisión: 27/09/2021

Para realizar pedidos de este libro, contacte con:
Palibrio
1663 Liberty Drive, Suite 200
Bloomington, IN 47403
Gratis desde EE. UU. al 877.407.5847
Gratis desde México al 01.800.288.2243
Gratis desde España al 900.866.949
Desde otro país al +1.812.671.9757
Fax: 01.812.355.1576
ventas@palibrio.com
823507

ÍNDICE

Agradecimiento

Esta obra la dedico a todo el lector que disfrute leer una poesía, esas personas que posean sensibilidad en el alma para trasladarse a través de la rima a donde dicte el verso, y de página en página descubran la esencia de sus mensajes.

Quiero agradecer a mi padre amado universal por haberme otorgado este bello fluido celestial convertido en poesía a través de mi alma. Agradezco también inmensamente a mi hermano el Sr. Domingo Blanco, el cual ama la poesía tanto como yo, por todo su apoyo y ser fuente de convencimiento en la publicación de este libro.

Prefacio

Este libro nace de la creación celestial de un alma divina que camina en la senda de regreso hacia su casa, en el universo se unifica la rima con la verdad universal de Dios.

Desde tiempos remotos la poesía ha marcado una pauta importantísima en la vida de muchos seres humanos, así como aquel que la escribe trasmite su gracia quien la recibe también alimenta su gracia. No me considero una poetisa, pero he recibido estas rimas a través de más de veinte años de mi vida, en un lenguaje sencillo espero que el lector las entienda así mismo como son y pueda llegar a descubrir el mensaje que trasmite cada una de ellas.

Cuando un ser humano decide caminar su senda terrenal de la mano de Dios bellas cosas suceden en la vida de este, y una de las más espectaculares para mi es el nacimiento de la poesía que brota en esa persona desde lo más profundo de su alma, si así como lo escuchan, el alma es quien dicta la poesía a través de su sabiduría y luz, a través de su amor para llevar al ser humano la eternidad en cada uno de sus renglones. Cuando ese ser humano alcanza un nivel de evolución y purificación importante a través de su propio esfuerzo y refugiado en su fe cristiana, también se abre frente a él el universo para traerle respuestas a sus cuestionamientos.

Dios se manifiesta al hombre de muchas formas diferentes a diario, pero es en el nivel de luz alcanzado por el hombre a través de su fe que recibirá con claridad estos mensajes o revelaciones. Yo he vivido por muchos años indagando la senda del señor pero más que nada tratando de algún día llegar a poder fundirme con su imagen de nuevo. En este caminar desmedido surgió la poesía como medio de comunicación en un lenguaje celestial, limpio y cristalino para traer a mi vida discernimiento de esa senda y evaluarme a mí misma a través de ella.

Para aquellos de ustedes que se empapen de estas rimas llegara a sus vidas un nuevo despertar o nivel de conciencia si así lo quieren llamar, mis rimas más que eso son verdad e iluminación autentica venida de Dios, y en ellas se revela el misterio celestial que muchos llevan buscando quizás toda su vida. Estas rimas celestiales en su mayoría aportan la esencia misma de la vida y el que lleguen a concientizarse quienes son en realidad como hijos de Dios.

Espero que las disfruten y que sus almas se sientan motivadas a un despertar en el nombre de Dios padre universal.

Amor mágico

Mágico es aquel amor,
el que del padre proviene,
te refuerza con valor
y la adversidad detiene.
Amor que en la luz divina
te hace ser diferente
y tu alma predestina
a comulgar con tu mente.
Vale todo lo imposible
para volverse real;
el mundo de lo intangible,
tu secreto pedestal.
Ese amor te reconforta,
te hace crecer sin medida,
y es que su excelencia porta
para renovar tu vida.
Engrandece tu mirada
para que puedas buscar
aquella senda olvidada
y así dejar de pecar.
Otro sueño se realiza,
otra persona renace
y en el tiempo se desliza
la identidad que en ti yace.
Ese amor purificado,
majestuoso cual eterno,
es el cielo destapado,
es un universo interno.
Es la esencia y remanente
de un padre desconocido,
pues el humano inconsciente
se ha refugiado en olvido.

Vive lejos, vive ausente
de su origen verdadero,
así no es consecuente
que lleva dentro un lucero.
Un lucero cual diamante
con un brillo inconfundible
y puede crecer constante,
pero su luz es sensible.
Debe ser alimentada
de espiritual añoranza,
con el amor reforzada
y despierta tu esperanza.
Despierta la fe cristiana,
firme se torna tu paso,
caminas hacia el mañana
y desafías el ocaso.
En ese amor reverdeces
y llegas a discernir
que no es por Dios que padeces
y está en ti tu porvenir.
Es ese el amor perfecto
que con Dios te reconcilia,
donde no existe defecto
y termina la vigilia.
Amor que te da la vida
y desactiva la muerte,
travesía comprendida,
te convierte en un ser más fuerte.
Es por siempre la existencia
en el amor celestial,
es del Padre su presencia
y la vida espiritual.
Comprendes lo incomprendido,
trasciendes esa barrera

de aquel terrenal olvido
y así termina tu espera.
Lucidez que su retoño
te lleva de retroceso
a comprender el otoño
y su intrincado proceso.
Se desviste tu alma buena,
pero regresa otra vez
para ejercer su faena
y a cumplimentar tal vez.
El vivir un gran amor
de la materia vestida,
desactivar el temor
y vencer tu propia vida.
Así aniquilas al mundo
que de oscuridad te viste
con un amor moribundo,
con un amor que no existe.
Pero ese amor diferente,
eterno en divinidad,
se mantiene permanente
y crece en integridad.
Te reto a vivir lo pleno
de ese amor inigualable,
a experimentar lo bueno
y la gracia perdurable.
Ese amor que habita dentro
y te instiga a la razón
que busques ahí en el centro
de tu propio corazón.

Bendiciones

(I)
Bendiciones celestiales,
hoy los ángeles se inspiran
y en la esperanza suspiran
en las sendas terrenales.
Los misterios no habituales
al hombre son revelados,
paraísos que olvidados
de nuevo son descubiertos
y a corazones despiertos
por amor son entregados.

(II)
La magia está sucediendo
en toda la humanidad,
almas que en divinidad
la fe están recorriendo,
sus esencias entendiendo
deshacen la confusión,
se renueva la ilusión
para poder proseguir
y en la esperanza vivir
del amor y compasión.

Brindis

Brindo por el alma herida
que supo regenerarse
después de una larga vida
donde no pudo entregarse.
Brindo por el corazón,
solo, triste y sin consuelo
pero que sigue soñando
con su más profundo anhelo.
Y por la mente cansada,
sin encontrar solución,
mas sin embargo procede
buscando la perfección.
Brindo por la soledad,
que suele ser muy temida,
más en ella has de encontrar
el sentido de la vida.
Hoy brindo por la tristeza
y también por la alegría,
las cuales son como hermanas
entre la noche y el día.
Hoy alzo mi copa al viento
y por él quiero brindar,
por su existencia constante
y en el tiempo andar y andar.
Hoy brindo por la nostalgia
que viene de un tiempo muerto
y, sin embargo, recuerda
el amor que fuera cierto.
Con mi copa he de brindar
por la energía incansable
del espíritu de Dios,
que en nuestro cuerpo es estable.

Brindo por la vida eterna,
porque es cierta su existencia
dentro y fuera del humano,
compartiendo su clemencia.
También deseo brindar
por esa sabiduría
que viene del universo
he irradia la luz del día.
Hoy por cierto brindaré
por quien este verso lea
y con claridad radiante
su camino feliz vea.
Brindo por el mundo inmerso
más allá de la materia,
donde deshaces las penas
y se vence la miseria.
Por la sonrisa de un niño
he de brindar cada día,
porque es la magia secreta
que me llena de alegría.
Y después de haber brindado,
otra vez he de brindar
por esa mi propia esencia
donde suelo descasar.

Brisa viajera

Brisa que tocas mi rostro
con suave delicadeza,
como si hablarme quisieras
de tu divina grandeza.
Caricia como un ensueño
que se siente y no se ve,
como aquel beso primero
que recibiste y se fue.
Brisa que llegas despacio
y mi cabello tanteas,
mientras respiro profundo
tiernamente jugueteas.
Me encanta tu libertad
y tu presencia viajera,
qué hermoso si como tú
viajar el mundo pudiera.

Cántico de regocijo en Dios

Que viva la vida llena
de armonía silenciosa,
y para aquel que la busque
sea su vida piadosa.
Que viva el sonido pleno
donde el alma se unifica
con el santo creador
y en la luz se purifica.
Que viva ese pensamiento
donde el corazón renace
a una nueva esperanza
y un astral pacto se hace.
Camino de la ilusión
el alma rejuvenece
en la senda celestial
y lo imperfecto envejece.
Radiante la luz del sol
que a tu espíritu ilumina
y en pos de una nueva era
con Jesús Cristo camina.
Desintegro de la ira,
prepotencia, y la arrogancia
es la doctrina del mundo,
corrupta perseverancia.
Que viva ese despertar
donde puedes comprender
realmente por qué viniste
y un nuevo paso emprender.
Magnifica esa mirada
que sana las cicatrices
cuando con cuidado observas
más allá de tus narices.

Que reluzca la energía
que del universo viene
y en la mística expresión
tarareando se mantiene.
Que viva la caridad
de un ser delicado y bueno
con la firmeza y estruendo
que se manifiesta un trueno.
Que viva esa dimensión
donde el alma se enternece
y abastece al corazón
de aquello que en él carece.
Que viva la poesía
que lleva un mensaje abierto
y la esencia de su rima
donde el amor es muy cierto.
También debe relucir
en el hombre celestial
ese nivel alcanzado
de una forma espiritual.
Que viva ese ser humano
que cuando lea mi verso
se identifique con él
y recobre su universo.
Que viva el amor eterno
porque es fuerza portentosa,
te lleva a vivir en Dios
de una forma majestuosa.

Como las olas del mar

Como las olas del mar
en su constante vaivén,
busco lo desconocido
donde es que habita el bien.
Como los granos de arena
imposibles de contar,
las células de mi cuerpo
comienzan a despertar.
Por fin comprendo la vida
venida desde mi esencia,
donde reluce tu nombre
y tu aclamada existencia.
Desde el naciente del sol
hasta donde este se esconde,
he buscado tu mirada
y mi lucidez responde.
Prevalece el milenario
resplandor que da la luz
para deshacer las sombras
que habitan en la multitud.
Como la brisa serena
que refresca el pensamiento,
hoy vivo en el universo
porque ahora es mi momento.
Desencadeno la espera
y en la libertad habito
de galaxias que se hospedan
más allá de lo infinito.
Puedo ver que la pureza
en el alma está impregnada,
ahí recobras tu vida
porque es de Dios su morada.

Mi Señor, en ti camino
buscando tu consonancia,
y emprendo el camino aquel
a través de la distancia.
Renuevo mi pacto humano
que con Dios estipulara,
y mi espíritu de luz
a discernir me llevara.
Como las olas del mar
viajando la inmensidad,
hoy pertenezco a este plano
y vivo en la humanidad.
Pero por fin he logrado
saber hacia dónde voy,
de dónde vengo y también
ya sé quién realmente soy.

En el silencio

Hoy respiro en el silencio
y tu nombre viene a mí
como fragancia perdida
de la flor que un día fui.
Es inconstante la vida
en el cuerpo terrenal,
un sueño, una fantasía
hasta encontrar el umbral.
Todo pasa y una vez
que ha pasado no termina,
sigues rodando sin rumbo
y alimentas la rutina.
Los compromisos florecen
y también las ataduras
en la centrífuga danza,
y en la inercia perduras.
Pasan los días, los meses
sin llegarte a preguntar:
¿cuál es mi paso perdido
y dónde lo he de encontrar?
Quisiera cambiar mi senda
por una más productiva,
pero no tengo las fuerzas
para una iniciativa.
Y así siempre el tiempo pasa
y se termina la vida
sin descifrar el porqué
de esa etapa perdida.
En el silencio respondo
a un largo cuestionamiento
y al fin logro recobrar
mi luz y mi propio aliento.

Equilibrio

Por cada flor que se inspira
en la bella primavera,
hay un alma que suspira
melancólica en la espera.
Por cada sonrisa hermosa
brota una lágrima triste,
y de forma misteriosa
una conexión existe.
Por cada mirada tierna
hay quien mira con rencor,
y la alianza es eterna
entre el dolor y el licor.
Por un abrazo profundo
venido del corazón,
otro abrazo moribundo
desfallece sin razón.
Por una frase de aliento
en un momento angustioso,
hay un vano pensamiento
que se torna lastimoso.
Por cada mano extendida
con el calor de un hermano,
hay quien busca sin medida
el disfrutar lo profano.
Por cada nueva esperanza
a raíz de lo vivido,
hay un ser que sin confianza
en la inercia está perdido.
Por cada humano que cree
en la vida celestial,
hay otro al que se le fue
su momento espiritual.

Estrella azul

Bella estrella que reluces
desde tu propia heredad
y brindas tu luz tan pura
a toda la humanidad.
Alma limpia, cristalina,
que encontraste tu sendero
a base de persistir
en el amor verdadero.
Estrella que no se apaga
a través de la distancia
y en las penumbras reluces
con fe y perseverancia.
La esperanza has practicado
de volverte a reunir
con tu Padre verdadero
y en su luz te has de fundir.
Llevarás la consonancia
de tu nombre universal
al humano que te espera
dentro de su propio umbral.
Tú portarás el mensaje
de cómo encontrar la senda
de regreso hacia el olvido
para aquel que te comprenda.
Estrella de luz radiante
que has cumplido con tu paso
de poder vencer al mundo,
y esta vez no hubo fracaso.

La piedra

Una piedra en el camino
que con ella me encontré
me hizo entender mi destino
y mi cabeza yo alcé.
Ella me dijo: yo he estado
por siglos sin descansar
para hacer que el caminante
conmigo ha de tropezar.
Aquel que se ha entretenido
y anda sin dirección,
al yo hacerle que se caiga
ya pondrá más atención.
Para algunos soy el polvo
que su estornudar provoca,
para otros un perdigón
y para otros una roca.
He vivido en soledad
bajo el cielo y las estrellas,
bajo la lluvia y el viento
de ensombrecidas querellas.
He visto pasar las horas
de los días y las noches,
y he visto al conquistador
cabalgar con sus reproches.
Presencié las injusticias
de la esclavitud humana
y a pesar que piedra soy,
la muerte estuvo cercana.
Yo viví de tiempo en tiempo
observando el panorama

del hombre que fue perverso
y por su rencor no ama.
Soy la piedra en el camino,
la que tú debes mirar
para esquivar tu caída
y que puedas avanzar.
Llegar a cumplir tu meta
con el paso deseado
para así recuperar
la gloria de tu pasado.

La primavera de la vida

Primavera que has llegado
para entonar los colores
adornando los jardines
con las más hermosas flores.
Primavera que en la espera
de tu estación he vivido,
y el poder reconocerte
le da a mi vida sentido.
Me impregnaste tu alegría
y emprendí mi caminar,
tu aroma me brindaste
y de un sueño el despertar.
Cuando el alma se ilumina
con la luz de la esperanza,
primavera, tú floreces
y la perfección se alcanza.
El infinito te adorna
y en ti él hace presencia,
de tu mano me has guiado
en la más bella experiencia.

La rima del alma

Cuando desde el alma brota
la rima y es guiada
despertando los silencios,
se enternece tu jornada.
Un regocijo incansable
despierta en ti noche y día
y con un amor genuino
se escribe una poesía.
Trasmites la luz del sol
a través de sus renglones
para llevar la esperanza
a marchitos corazones.
Acaricias con la rima
sus pensamientos cansados
de buscar las soluciones
en momentos fatigados.
En el agobio del mundo,
sus pesares y rutina
la poesía te obsequia
una inspiración divina.
Si la recibes en paz
y descubres su sentido,
entonces mi poesía
cumplió con su cometido.

Libertad del alma

Yo soy libre como el viento
que recorre el mundo entero,
como la luz que se expresa
desde un distante lucero.
Yo soy libre como el ave
que atraviesa la distancia,
como el manantial que mana
su agua fresca en abundancia.
Yo soy libre cual aroma
que radica en una flor,
como el sentimiento puro
que todos llaman amor.
Yo soy libre como el sueño
que al fin se manifestó,
y llevando la esperanza
un paso se concretó.
Yo soy libre porque soy
venida del universo,
donde no existe atadura
y es un mundo diverso.
Libre como la mirada
que se inspira en la belleza
de la creación divina
de nuestra naturaleza.
Yo soy libre como el mar,
que se entona con soltura
y en el vaivén de las olas
es que su gracia perdura.

Yo soy libre e infinita,
soy eterna y desmedida
y es en mi libertad
donde sonríe la vida.
Soy libre porque encontré
aquel camino obstruido
que yacía en lo profundo
de un abismo en el olvido.
Por fin mi paso emprendí
más allá de la distancia
y a través del universo
vivo la perseverancia.
Pues quiero recuperarme
y en mi propia voluntad
con el señor reunirme
en mi eterna libertad.

Meditación

Meditar es el silencio
en busca de luz divina
para crecer en el Padre
y deshacer la rutina.
Meditar es no pensar
en nada que te atormente,
es no recordar lo triste,
es equilibrar la mente.
Meditar es sumergirte
dentro de ti muy profundo,
más allá del universo
buscando otro nuevo mundo.
Es respirar muy despacio
y que el oxígeno llegue
a alimentar tu cerebro
y que suceda el despegue.
Hay en la meditación
un pasadizo secreto
entre la vida y la muerte
que se convierte en un reto.
Descubriéndolo desatas
tus ataduras cual meta
para llegar a emprender
la evolución de un profeta.
Meditar es escuchar
del silencio su sonido,
es mirar desde otro plano
espiritual lo vivido.
Es poder reconciliarte
con los ángeles del cielo
y es comprender que viviste
siempre cubierto de un velo.

Meditar es observar
en el tiempo la distancia,
de su enseñanza nutrirte
y analizar su constancia.
Meditar es emprender
una interna caminata
a través de aquella senda
que es sabiduría innata.
Meditar es adentrarte
en la ciencia desmedida,
la ciencia del universo,
la ciencia desconocida.
Es volver a reunirte
con Dios muy dentro de ti,
comprender que está presente
y que siempre estuvo ahí.
Es reconocer lo extraño,
palpar lo desconocido,
adentrarte en el silencio
que dentro de ti ha vivido.
Es devolverte en el tiempo
al origen de la vida,
distinguir con claridad
ese punto de partida.
Puede la meditación
llevarte a mirar muy lejos
para verte reflejado
en el tiempo y sus espejos.
Meditar es desplazarte
de hemisferio en hemisferio,
moléculas de la vida
que destapan su misterio.

Puedo seguir explicando
lo que es el meditar,
desglosando los renglones
y tu inquietud despertar.
Te reto a buscar lo eterno,
lo que por siempre ha existido
y es en la meditación
el descubrir su sentido.

Naturaleza

Cuando el silencio respiro suavemente
y en su frágil sutileza me embeleso,
se deslizan los minutos lentamente
y mis hombros se descargan de su peso.
Cuando el viento fugazmente juguetea
con mi pelo sin tornarse majadero
y mi falda en su compás se balancea,
reposar en ese instante siempre espero.
Cuando veo una bella mariposa,
se entretiene mi mirada en su aletear
y mi alma, de una forma que es curiosa,
a través del tiempo vuelve a suspirar.
He observado un luminoso amanecer
en sus rayos me he sentido hipnotizada,
y es enigma de la mente renacer
en la senda que creías olvidada.
Y fue así, contemplando el firmamento,
frente al mar yo reflexionaba en lo eterno
mas fue mágico por siempre ese momento,
mi lucidez ha brotado de lo interno.
Cuando mis pies por la arena caminaron
y las olas con ellos jugueteaban,
de su suave cosquilleo se extasiaron
y las densas inquietudes se apagaban.
Así siento, cuando un ave se remonta
buscando la altura hacia el azul del cielo,
gran deseo de poder acompañarla,
y con ella yo también emprendo el vuelo.

Nuestro cuerpo físico

Con el tiempo se pierde la memoria
y tu mente llega a parpadear
olvidando tu propia historia
y el espacio que redondear.
Es buscando de nuevo en tu interior
donde existe claridad y gratitud,
comprendes que creemos inferior
esa fuente de la eterna juventud.
Es ahí donde el tiempo se refugia
y la ciencia florece en magnitud
de entender donde existe la penuria
y la gracia donde reina la virtud.
Misterioso el pasadizo que discreto
en tus genes se ha albergado siempre ahí
como esencia de su nombre en un secreto
que proviene de donde yace la raíz.
Es buscar el complemento de la vida
en la dicha del amor, conocimiento,
si el perdón manifiestas de salida
puede ser que descubras tu momento.
Puede ser que asimiles el sentido
que ha vivido un profeta en soledad,
pretendiendo descubrir a qué ha venido
y quién es su persona en realidad.
Muy profundo, más profundo que un abismo
se desciende al interior con precaución
y en la fe reforzada y su realismo
es que entiendes dónde existe perfección.
Que la búsqueda del hombre en el mundo
del humano su desvelo y su indagar
prevalece muchas veces en un segundo
donde debes tu presencia delegar.

Delegar en el Padre creador
como esencia de tu vida y de tu paso,
cual la esencia predomina en el furor
de un rayo que fulmina en el ocaso.
La materia de la vida es misteriosa,
por lo tanto, se merece persuadir
de una forma celestial muy cuidadosa
donde debes tu persona dividir.
Entender que eres parte de la tierra
y también se comulga con el cielo
y es ahí el porqué de aquella guerra
donde llegas a librarte de tu velo.
He ahí asimilar la dualidad
el espíritu y la carne entrelazados,
he ahí el descubrir que la unidad
de Jesús y tu cuerpo son moldeados.
Él es senda donde debes caminar,
de lo eterno en refrigerio es un dador
y el humano aún no puede imaginar
el milagro que produce su esplendor.
Un milagro que del hombre es su derecho
cuando el alma aprisionada grita,
se desciende hasta la muerte y es un hecho
que a esta vences, pues de ahí se resucita.
Ves entonces que vivías confundido
buscando tu verdad en otra parte,
y lo largo del camino has recorrido
esforzándote tú mismo en engañarte.
Que la vida es en ti y no es afuera,
y es en ti donde habita la igualdad
del humano que dé era en era
busca lejos de él su felicidad.

Es dentro de él su paz añorada
y es el equilibrio también adentro,
donde disfrutas tu paciencia soñada
y con tu paraíso surges al encuentro.
Es ahí también el universo impregnado,
su función total en luz y excelencia,
de Jesús también ese reino amado,
depósito celestial en magnificencia.
He ahí la salud, la salud verdadera,
la que da a tu cerebro comprensión,
que en Dios se destruye cualquier barrera
y disfrutas lo perfecto de su creación.

Paraíso lejano

Bello recuerdo distante
de un lejano paraíso,
donde la vida sonríe
porque el tiempo no es preciso.
Rincón del alma olvidado,
dimensión que es celestial,
donde se habita en silencio
dentro de tu propio umbral.
Paz sin igual y equilibrio,
felicidad y armonía,
y ese el amor verdadero
te acaricia noche y día.
Juventud que es siempre eterna
porque no existe el pasado
ni el presente ni futuro
porque el tiempo has conquistado.
Paraíso sumergido
muy dentro del ser humano
y al volver a recordarlo
asciendes hacia otro plano.
Sabiduría inaudita
en tu divina existencia,
del universo te empapas
y despiertas en su ciencia.
Paraíso tan remoto
pero a la vez tan cercano,
y cuando intentas buscarle
a ti te extiende su mano.

Perseverando

Podrá mi pensamiento quebrantarse
buscando destruir una barrera
y sorda la memoria y delirante
buscará cruzar esa frontera.
Pudiera la angustia aquí en mi pecho
refrenar mi senda misteriosa,
sin embargo el universo regalarme
el aroma de una flor maravillosa.
Pudieran los segundos deslizarse
inspirados en turbar mi pensamiento,
y ahondando en un suspiro mi desvelo
restauró la alegría ese momento.
Pudieran mis lágrimas rodar
por mi rostro saturando mi dolor
y en ahínco y reverencia de mi alma
renacer de nuevo en el amor.
Pudiera mi esperanza entretenerse
en agobio por el mundo y su rutina,
pero el alma enardecida en su nobleza
fortalece su senda, que es divina.
Pudiera el corazón no palpitar
envuelto en el dolor de una traición,
sin embargo mi espíritu incansable
le devuelve su latir con ilusión.
Pudieran mis palabras asfixiarme
juzgando en el dolor mi propia ira,
sintiendo en el centro de mi alma
que lo amargo de esa rabia es mentira,
Que en mí se fortalece aquella senda,
que en verdad yo deseo caminar,
y que es justo cómo el tiempo denomina
y en mis células la luz se ha de impregnar.

Ya pudiera mi día oscurecerse
tronchando en concordancia mi alegría,
y plasmar en un papel lo que he sentido
porque el alma siempre escribe poesía.
Ya pudieran mis pasos confundirse
a lo largo de mi vida terrenal,
y Jesús, que es amor y es poderoso,
conducirme hacia mi senda celestial.
Porque en él es que busco mi consuelo
y es en él que alimento el pedestal,
él es luz que me eleva hacia las nubes
en renuncia del mundo material.
Pues en él me refugio plenamente,
y es que siento lo benigno de su esencia
donde puede superarse lo indeseable,
donde logras reencontrarle en tu conciencia.

Playa solitaria

Playa dormida en silencio,
esperando solitaria
como la más dulce Virgen
deseando una plegaria.
No he observado alguna huella
en tu fina y blanca arena,
arena que es delicada
cual la más bella azucena.
Playa que me obsequias quietud
cuando susurra la brisa,
mi corazón se enternece
despidiendo una sonrisa.
Las olas que van y vienen
al compás se balancean
igual que en un baile fugaz
y con mis pies juguetean.
El cielo es maravilloso,
de un color azul ligero
y disfruto en esta playa
de un silencio verdadero.
El sol que irradia su luz
y en las nubes se entrelaza
como si con eso hiciera
un pacto de amor y alianza.
A mi espalda, las montañas
donde el verde es resaltante,
y relucen los colores
de flores allá distante.
Playa lejana y serena,
tu magia es como un hechizo
donde he llegado a sentirme
en mi propio paraíso.

Preferencia

I

De la Luna su reflejo
en las aguas cristalinas,
el verde de las colinas
y el vino que sea añejo.
El amor es muy complejo,
la felicidad no existe.
Si tu alma se desviste
de la quietud que refrena
es muy dura tu faena,
te puedes sentir muy triste

II

De la lluvia su sonido
y de la rosa su esencia,
de la suerte su existencia
sin cambiar lo que he vivido.
Del poder lo que he podido,
no quiero su posesión,
en el tiempo hay comprensión
de Dios y sus maravillas.
Del reloj sus manecillas
marcarán tu decisión

III

De las aves su trinar
cómo deseo su vuelo
al infinito del cielo
sin tener que caminar.
Mi figura así internar
en la bella inmensidad;
del mar su profundidad,
de las montañas su altura
y mantengo mi postura
de amar a la humanidad.

IV

De la noche los luceros,
de la ciencia su razón,
de mi propio corazón
el amor que es verdadero.
De los barcos un velero
sin naufragio a lo perdido,
pues mi mente ha comprendido
de mi alma su integridad.
Descubrí en la soledad
de mi vida su sentido.

Realidad espiritual

Más allá del pensamiento,
crónica que se revela,
y tu mirada se extiende
y tu esperanza revuela.
Es preciso discernir
e insistir en el camino
que te lleva de regreso
a un existir que es divino.
Inaudita la conciencia
que a tu alma así ubica,
y en espíritu te entonas
y tu ser se sacrifica.
Pero nace aquel sosiego
venido de lo infinito,
el que el humano ha ignorado,
pues se le tiene por mito.
Incesable el padecer
buscando la concordancia,
te estremeces fuertemente
a través de la distancia.
Comprendes lo que no es
y también lo que sí ha sido,
la felicidad emprendes
porque de nuevo has nacido.
Solemne la discrepancia
resucita en tu interior
cual eminencia divina
de un reino que es superior.
Un reino que todo vence
y te enseña a subsistir
en las penumbras del mundo
y de luz te hace vestir.

Persevera el corazón
que en la ternura se vierte,
se fortalece en amor
y regresas de la muerte.
Llegas a la comprensión
y hacia adentro te volteas,
encuentras tu paraíso
y la gloria saboreas.
Coherente la razón
que despierta aquel sentido
de indagar tu propia fe
y esperar lo prometido.
Una vida en perfección
es difícil de creer,
más Jesús nos demostró
que la puedes poseer.
Si con él te reconcilias,
le buscas en tu interior,
tu fe se materializa,
porque no eres inferior.
Vives en su propia esencia
y él mora dentro de ti
porque tu cuerpo es su templo,
el universo es ahí.
Incesante el caminar
en la senda misteriosa,
en la luz te multiplicas
como estrella majestuosa.
Divinidad anhelada,
el alma busca su casa
en Jerusalén la santa,
donde la vida no pasa.
Donde el tiempo es verdadero
y el espíritu con calma

en la luz omnipotente
abraza fuerte tu alma.
Excelencia de la ciencia,
aquella que es verdadera
porque del Padre procede
y habita de era en era.
Enigmática es la magia,
la cual tu interés despierta,
y aquella puerta cerrada
comprendes que estaba abierta.
Sublime el amor sincero,
no tiene comparación,
es un regalo del alma
que Dios dio en tu creación.
Su imagen y semejanza
en nosotros fue integrada
como sus hijos que somos,
una obra insuperada.
Él dio su aliento de vida
y en nosotros prevalece,
pero el hombre esto ha olvidado
y hacia el exterior se crece.
Es preciso recobrar
el viejo paso olvidado
y encontrarás a Jesús
y también su reino amado.
Sustantivo de lo eterno,
del tiempo y de la distancia,
de un alma celestial
siglos de perseverancia.
Así es de imperativo:
que el hombre pierda su venda
y que busque en su interior
de Jesús su propia senda.

Recuerdo lejano

Detrás de tu sonrisa,
detrás de tu mirada,
caminé mi sendero
y descubrí mi morada.
Desperté los recuerdos
que yacían dormidos
en un lejano espacio
de tiempos vividos.
Pero recordé tu nombre
para revivir mi amor,
en la distancia me adentré
sin el mínimo temor.
Así despertó mi esencia
y despertó mi memoria,
te reconocí de nuevo
y comprendí mi historia.

Revelaciones

Quiero escribir desde el alma
con un sencillo lenguaje,
para que todos me entiendan
compartiré mi equipaje.
A través de mi poesía
hablaré de lo infinito,
metáfora celestial
del espíritu en su rito.
He de viajar con mi rima
a lo intocable y lo eterno,
he de visitar la gloria
de un sentimiento materno.
He de plasmar los renglones
con la luz del universo
y limpiar los ojos ciegos
con la esencia de mi verso.
Mi celestial poesía
portará aquella enseñanza
que si su lector descubre
despertará su esperanza.
Su fe volverá a vivir
en brazos del creador,
él brinda el conocimiento,
de mi verso es el dador.
El hombre busca su paz
y su paz lleva consigo
donde descansa Jesús;
él es el mejor amigo.
Existe un secreto oculto
dentro del mismo hombre,
pero al no ser descubierto
es un secreto sin nombre.

Es un universo vivo,
es la materia olvidada,
la perfección de su vida
y la senda deseada.
Deseada por el alma,
ella quiere transitar
en el humano esa senda
para hacerle despertar
de un sueño profundo y largo
donde perdió su memoria,
y si despierta del sueño,
recobra su propia historia.
La llave del pedestal
que en secreto vive inmerso
se recobra si es que busca
en ese interno universo.
Él debe profundizar
hasta llegar a la altura,
aunque suene incoherente
o aunque parezca locura.
La respuesta del silencio
es del hombre su mañana
está impregnada en su alma,
está a su alcance, es cercana.
Silencio de muchos siglos
viviendo errado en el mundo,
mirando siempre hacia afuera
sin buscar en lo profundo.
Cree que la felicidad
el mundo se la dará
y en espera de que llegue
tristemente quedará.
El paso que debe el hombre
buscar para descubrir

es aquel que fue trazado
para en Jesús subsistir.
Él te lleva de regreso
al origen de la vida
donde entiendes el sentido
de tu punto de partida.
Para un regreso en el tiempo
a través de la distancia
recobrar tu pertenencia
de celestial concordancia.
Recobrar tu identidad,
tu vida, tu propia esencia,
perdido conocimiento
que es del padre su ciencia.
Mi verso lleva consigo
la verdad que es transparente
para el que busca con fe
el despertar de la mente.
Partículas de la vida
que le ha sido otorgada
más allá de la distancia
y fue por él deseada.
Para cumplir su camino
en el mundo terrenal,
vivir el aprendizaje
de la vida celestial.
Es morando en la materia
que existe la evolución
de un alma que busca al padre
y su reconciliación,
para llegar a la gloria
de su eterna libertad
viviendo en el propio Dios
y su santa potestad.

Hoy he escrito desde mi alma
palabras que, celestiales,
han de llegar al humano
y revelarle verdades.

Riachuelo

Riachuelo milenario,
hoy de nuevo a ti volví
en busca de los recuerdos
de lo que en ti ya viví.
En busca de la esperanza,
la paz y el conocimiento,
en busca de alivianar
mi cansado pensamiento.
Paraíso inigualable,
lo puedo decir así,
en tus aguas transparentes
logré lo mejor de mí.
Riachuelo de agua viva,
donde de ti ya he bebido
y a base de duras penas
ha despertado el olvido.
Ya no es olvido, es conciencia,
como tus aguas tan claras
donde calmara mi sed,
pues con ellas contestaras.
Riachuelo milenario,
distante como divino,
a pesar de ser interno,
en tus orillas camino.
El sosiego es eminente
cuando vuelvo junto a ti
y el recuerdo se ilumina
de lo que en ti yo viví.
Quiero por siempre quedarme
observando tu frescura,
aunque nadie me comprenda,
aunque piensen que es locura.

Riachuelo, hoy te he buscado
y en tus aguas he observado
lo vasto que es caminar
sin recordar el pasado.
Sin recordar el origen
de nuestra naturaleza
celestial, que es tan divina
como tú misma pureza.
Riachuelo, a ti regreso
hoy cansada de indagar
el paso que fue terreno
y me hizo tropezar.
A ti vuelvo nuevamente
en busca de mi verdad
para saber quién he sido
y dónde existe mi heredad.
En ti descubrí mi esencia
y mi propia identidad,
en ti descubrí la vida,
el tiempo y la eternidad.

Salvación

Cuando el corazón cansado
de latir busca el aliento
que le haga proseguir,
la vida es como un lamento.
Se entristece tu mirada
y se duerme tu esperanza
y en queja se convierte
lo que fuera tu alabanza.
Tu sonrisa ya no es
y tu ilusión desvanece,
tu inventiva se entretiene
y hasta en frustración se crece.
Vive el alma acongojada
sin que te pueda ayudar
y tu paso dirigir
y su luz propia brindar.
Tu espíritu se marchita
y ya no es tan radiante,
se evapora tu energía
y tu fatiga es constante.
Se convierte en pesadilla
un sueño de fantasía
que sin cesar te inspiraba
y se apaga tu alegría.
Pero cuando estés ahí,
al borde del precipicio,
solo en Dios encontrarás
ese momento propicio
para sujetar su mano

y dejar que él te conduzca
y, en su luz omnipotente,
que tus tinieblas reduzca,
te lleve a vencerlo todo
de una forma desmedida,
te recuperes en él
y así recobres tu vida.

Sol interno

Bello sol que me iluminas
muy adentro del alma mía,
instigando mi conciencia
a la luz de un nuevo día.
Brillantez siempre radiante
que a mi cuerpo tú alimentas,
disipando las tinieblas
y alejando las tormentas.
Cada célula en mi cuerpo
recuperando memoria
despierta en tu calidez
a vivir su propia historia.
Genética deslumbrante,
así como tan divina,
pues dentro de mí respiro
y la perfección camina.
Universo transparente
que porta sabiduría
y a través de tus recuerdos
se escribe una poesía.
Claridad de pensamiento
y equilibrio celestial,
el amor es infinito
dentro de tu propio umbral.
Sol hermoso que en tu luz
obsequias la eternidad,
llevando la consonancia
de Dios a la humanidad.

Tus lindos ojitos

Estrellitas parpadeantes
pero de luz muy brillante
manifiestan su esplendor
de una forma que es constante.
Ojitos llenos de luz
que hablan incesantemente,
regocijo de su alma
en su ser vive consciente.
Ella expresa en su mirada
la fragante primavera
y me hace despertar
de una muy larga espera.
Sus ojitos picarescos
traen alegría a mi vida;
ellos hablan con amor
de una forma desmedida.
En la inocencia relucen
buscando la novedad;
ellos irradian dulzura
muy lejos de la maldad.
Ojitos desmesurados
que expresan sus sentimientos
y me llevan a vivir
inolvidables momentos.
Son la comunicación
de un angelical lenguaje
donde portan su carisma
y su mágico equipaje.

Ojitos que me transmiten
inquietudes excitantes
y al mirarme intensamente
relucen como diamantes.
Ojitos que sonrientes
regalan el infinito
y en la noche oscura alumbran
iguales a un cocuyito.

Yo soy

Yo soy cual la brisa suave
que acaricia la mañana,
como ese rayo de luz
que atraviesa tu ventana.
Soy ese aroma exquisito
que viaja a través del viento,
soy el más bello recuerdo
que guarda tu pensamiento.
Soy sonrisa que, divina,
se dibujara en tus labios
para poner punto y fin
a los dolientes agravios.
Soy una paloma herida
que alza su vuelo erguida
a pesar de estar sangrando,
y lleva abierta su herida.
Como las olas del mar
que viajan el mundo entero
en la magia me mantengo
del más lejano lucero.
Como ese día de tormenta
que, lloviendo sin cesar,
llegará hasta las raíces
de un árbol por despertar.
Soy la luz del infinito
y de distantes galaxias
que se entrelazan con Dios
para agradecer sus gracias.
La virtud de un arco iris
que despliega sin cesar
a través de sus colores
lo que desea expresar.

Yo soy la rima perdida
que el hombre quiso encontrar
y buscando se mantiene
muy lejos del propio umbral.
Manantial que, desmedido,
le da recobro a tu vida
y en luz se rejuvenece
y al fin te sientes querida.
En un amor diferente,
amor puro y celestial,
impulsándote a lo eterno
de una forma universal.
Yo soy el botón perdido
que ha recobrado un rosal
en silencio y procediendo
por mi senda espiritual.
Soy la palabra dormida
que en tu sonrisa despierta,
soy ese secreto interno
que al fin te abre su puerta.
Soy la luz del sol radiante
que llega a la humanidad,
para entibiecer sus almas
les regalo mi bondad.
Y así hoy he dirigido
tu mano para escribir
la esencia del mismo verso
que el hombre ha de recibir.

Printed in the United States
by Baker & Taylor Publisher Services